Cartoons

leren tekenen

Mike Artell

DELTAS

Mike Artell schreef al tientallen boeken voor kinderen, hun ouders en hun leerkrachten. Hij bezoekt regelmatig scholen waar hij uitleg geeft over zijn technieken om grappig te leren denken, schrijven en tekenen. Hij geeft ook workshops en begeleidt professionele opleidingen over het belang van humor om de creativiteit te vergroten.
Voor meer informatie, kun je terecht op de website van Mike Artell:
www.mikeartell.com

Original title: Cartooning for kids

Deze uitgave door: Deltas, België-Nederland.
Nederlandse vertaling: Katrien Bruyland
D-MMIII-0001-330
Gedrukt in de EU
NUR 244

INHOUD

Voor je begint 4

Deel 1 Dieren tekenen 5

Hond 6
Beer 9
Bever 12
Vogel 14
Kat 16
Kip met kuiken 18
Eend 20
Nijlpaard 22
Uil 24
Papegaai 26
Varken 28
Schaap 30
Tijger 32

Deel 2 Mensen tekenen 34

Lachende vrouwengezichten 35
Boze vrouwengezichten 40
Lachende mannengezichten 45
Boze mannengezichten 50
Mannen- en vrouwenkapsels 55
Mannelijke lichaamsvormen 56
Vrouwelijke lichaamsvormen 57
Handen 58
Beweging 60
Bewegingslijnen 61
Mensen die zitten 62
Kleding en uniformen 63
Tekstballonnen 64

Voor je begint

Iedereen houdt van cartoons, maar sommige mensen denken dat je een professionele kunstenaar moet zijn om ze te kunnen tekenen. Dat is niet waar. Iedereen kan te gekke cartoons tekenen.

Het belangrijkste dat je moet onthouden is dat cartoonisten GRAPPIG moeten DENKEN. Sterker nog, GRAPPIG ZIJN is zelfs belangrijker dan goed kunnen tekenen. Dat komt omdat cartoons uit humor ontstaan in plaats van uit kunst.

Dit boek staat vol stap-voor-stapinstructies om van dieren en mensen cartoons te leren tekenen. Je krijgt ook nog enkele ideeën voor dingen die je eraan kunt toevoegen om ze NOG grappiger te maken.

Als je tekent, vergeet dan nooit dat je er altijd je eigen ideeën aan kunt toevoegen. Blijf grappig denken en je zult zien dat je cartoons steeds beter en beter worden.

Heb je al potlood en papier bij de hand? Fantastisch! Laten we dan gauw beginnen ...

DEEL 1
DIEREN TEKENEN

Hond

We weten allemaal dat honden een betere reukzin
hebben dan mensen – maar hoeveel beter dan?
BZZZZZZZ! Sorry, je bedenktijd is om!
Het antwoord is: een miljoen keer beter!

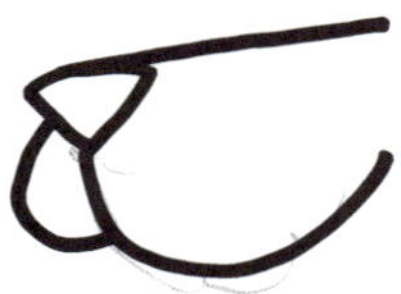

1

We geven onze cartoonhond om te beginnen een driehoekige neus. Voeg er nu enkele ronde lijnen aan toe voor de buitenkant van de muil en een rechte lijn voor de bovenkant.

2

Teken een tong en twee grote, ronde ogen.

3

Dit is één manier om de oren te tekenen. Je kunt experimenteren met de oren door ze langer of korter te maken.

4

Je hond heeft een lange, rechte rug en een puntige staart. Je kunt hem ook een klein, rond achterwerk geven.

5

Teken twee poten met voeten eraan. Merk op dat elke poot enkele lijnen heeft voor de tenen.

6

De laatste stap is het tekenen van de twee andere poten en voeten. Omdat die voor een deel verborgen zitten achter de twee andere poten, hoef je er maar een stukje van te tekenen.

Kijk! Hij is blij je te zien! Hij kwispelt met zijn staart!

Raad eens wie er een bad heeft genomen? Dit effect krijg je als je je hond droog blaast met een haardroger.

Hmmm ... Iemand heeft erge honger ...

Beer

Wetenschappers hebben de beren ingedeeld in acht verschillende soorten: ijsberen, bruine beren, Amerikaanse zwarte beren, reuzenpanda's, Aziatische zwarte beren, lippenberen, honingberen en brilberen.

1

We tekenen het jong van een bruine beer. Teken eerst het gezicht. De neus heeft de vorm van een driehoek en de ogen staan dicht bij elkaar. Teken twee bolle wangen en een klein boogje voor de mond.

2

De kop is breed bovenaan en smal in het gezicht. Teken de twee oren, die bijna vierkant zijn.

3

Nu hebben we twee bulten nodig voor de rug. De eerste bult is klein, de tweede is groter.

4

Teken nu een achterpoot en een voet.

5

De voorpoot is dik. Tussen de voorpoot en achterpoot moet je ook een lijntje tekenen voor de buik.

6

De borst en linker voorpoot teken je met enkele gebogen lijnen, gevolgd door een rechte lijn, en dan een puntige voet. De linker voorpoot teken je iets korter dan de rechter.

7

Kleur de neus en teken enkele gebogen lijntjes in de poten voor de tenen.

Pas op! Misschien is de moeder van het jong in de buurt ...

Bever

Bevers hebben twee lange voortanden die nooit stoppen met groeien. Daarom moeten ze altijd knagen aan bomen en planten.

1

We tekenen een driehoekige neus, stippen voor de ogen en ronde wangen. Voeg twee grote tanden toe.

2

Geef je bever wat pels op zijn kop en twee ronde oren. Teken met 'grasachtige' lijntjes een rond gezicht en teken een open mond achter de tanden.

3

Teken nog enkele 'grasachtige' lijntjes in een boog om de bever een ronde rug te geven. Voeg er een voorpoot en hand aan toe.

4

Deze bever houdt een lekker hapje tussen zijn voorpoten vast. Het is een kleine tak van een boom. Teken de tak en voeg onderaan drie vingers toe. Vergeet niet een stukje van de andere voorpoot te tekenen. Teken nu een zachte borstkas en het zitvlak.

5

Deze bever heeft grote achterpoten en lange tenen. Voeg ze eraan toe.

6

En iedereen weet natuurlijk dat een bever een grote, platte staart heeft.

Vogel

Er zijn heel veel soorten vogels. Sommige zijn groot, zoals de struisvogel, die meer dan twee meter groot kan worden. Andere zijn klein, zoals de kolibrie, die maar enkele centimeters groot is. We tekenen een moeder met haar vogeljong in het nest.

1

Begin met een puntige kop en een smalle nek. Vergeet het oog niet.

2

Teken een rechte rug en een driehoekige staart.

3

Teken nu een ronde borstkas en het achterlijf.

4

Voeg er een kleine vleugel aan toe.

5

We tekenen nu de babyvogel. Teken een ronde kop en voeg er een snavel aan toe, in de vorm van een 'M' op zijn kant.

6

Voeg er een stip aan toe voor het oog en teken de smalle nek.

7

Een trucje om het nest te tekenen is een heleboel lijntjes te trekken die kriskras door elkaar lopen – een beetje zoals de letter 'X'. Teken er een paar eieren bij om je tekening af te maken.

Wat zou de kleine vogel tegen zijn mama zeggen, denk je?

Kat

Katten hebben ogen waarmee ze heel goed in het donker kunnen zien. Maar wist je dat katten moeilijk dingen kunnen zien die recht onder hun neus liggen? Daarom zien ze soms de kleine hapjes niet die je vlak voor hun snuit op de grond legt.

1

Teken een driehoekige neus, een kleine 'baard' en twee bolle wangen. Voeg er nu twee ronde ogen aan toe, met verticale streepjes in de ogen.

2

Katten hebben een scherp gehoor. Geef je kat grote oren en een pluizige kop. Voeg er ook snorharen aan toe.

3

Het volgende dat je kat nodig heeft, is een ronde rug en twee voorpoten. Teken wat pels onder de kop om de borstkas ook pluizig te maken.

4

De laatste stap is een achterpoot en een lange staart.
Vergeet ook niet een stukje achterpoot te tekenen aan de andere kant.
Teken enkele zigzaglijnen voor de pels op de buik.

Kip met kuiken

Deze kip bestaat eigenlijk uit een grote, opgezwollen wolk. Geloof het of niet, maar er zijn meer kippen op de wereld dan er mensen zijn. Is dat niet g-ei-nig?

1

Begin met een driehoekige snavel, twee boogjes voor de wangen en twee stippen voor de ogen.

2

Teken boogjes boven op de kop van de kip. Teken ook enkele boogjes op de zijkant van de kop. Voeg voor de kam nog een paar lange lussen toe op de boogjes.

3

Teken ook aan de andere kant van de kop enkele boogjes.

4

Teken nu de vleugels. Ze lijken op donzige wolken.

5

Teken nu de bulten rond het achterlijf van de kip. Blijf tekenen met gebogen lijnen.

6

Voeg er enkele eieren en enkele takjes stro aan toe.

7

Geef de kip nu nog een kuikentje. Het gezicht van het kuikentje lijkt precies op dat van de kip – een driehoekige snavel, boogjes voor de wangen en twee stippen voor de ogen

8

Teken nu een grote, pluizige cirkel rond het gezicht van het kuikentje. De veren lijken een beetje op gras. Teken twee boogjes voor de vleugels. Voeg er dunne pootjes aan toe, en drie lijntjes voor de tenen.

Is dit geen schattige familie?

Eend

Kijk eens – een eend! Het mannetje van de eend is een woerd. De woerd heeft felle kleuren om het vrouwtje naar zich toe te lokken.

1

Deze eend heeft een ronde kop. De snavel loopt bovenaan schuin af. Onderaan is hij recht. Teken een stip voor het oog.

2

De rug van onze cartooneend is erg recht. De staart buigt naar binnen en het achterlijf is rond.

3

Teken een ronde borstkas vooraan en wat water. Je bent bijna klaar ...

4

Geef je eend een gekleurde band rond de hals.
Teken ook een vleugel. Uitstekend!

5

Als je achter de eend nog een kleiner eendje tekent,
lijkt het een moedereend met haar kuiken.

Zie ze eens zwemmen op het water!

Nijlpaard

Nijlpaarden zijn geen echte paarden, maar ze zitten wel in de Nijl. En als ze niet in de Nijl zitten, zitten ze wel elders in het water, bijvoorbeeld in de dierentuin.

1

Om te beginnen teken je deze vorm. Zie je hoe smal de bovenkant van de neus is en hoe dicht de ogen bij elkaar staan? De bovenkant van de kop is erg rond.

2

Voeg er oren, een onderkaak en twee grote tanden aan toe.

3

Het lichaam van een nijlpaard heeft de vorm van een dikke boon.
Teken er een kleine staart aan.

4

Teken nu vier korte, dikke poten. Geef je nijlpaard ook enkele teennagels.

Uil

Oehoe! Wat denk je dat we nu gaan tekenen? Precies! Een uil. Uilen zijn nachtdieren en jagen meestal in het donker, zodat we ze niet vaak zien. Kijk maar eens hoe eenvoudig het is om een grappige uil te tekenen.

1

Begin met een driehoek voor de bek en twee grote, ronde ogen.

2

Teken nu met schuine lijntjes een platte kop en voeg er twee puntige oren aan toe.

3

Teken twee gebogen lijnen voor de zijkanten van het uilenlichaam.

4

Teken zes driehoekige tenen. Geef je uil ook twee eenvoudige vleugels.

5

Je uil heeft een tak nodig om op te zitten. Teken een stevige tak onder je uil.

6

Teken nu de stam van de boom en enkele bladeren.

Nu is je uil klaar voor de muizenjacht.

Papegaai

Kleine papegaaien worden tien tot vijftien jaar.
Maar sommige ara's en kaketoes kunnen wel 75 jaar worden!
Soms overleeft de papegaai zelfs zijn baasje!

1

Teken eerst de bek.

2

Voeg de ogen en een klein neusgat in de bek toe.

3

Teken enkele puntige stekels voor de veren op de kop van de papagaai. Daarna teken je een lange schuine lijn naar beneden voor de rug.

4

Voeg er een mooie ronde borstkas en enkele kleine staartveren aan toe.

5

Vergeet je papegaai geen vleugel te geven. Teken dan een ovale vorm op de borst en buik van de papegaai. Teken drie lijnen voor de poten.

6

Voeg er enkele tenen en een stok om op te zitten aan toe en je papegaai is klaar!

Als je je papegaai wilt inkleuren, gebruik dan felle kleuren zoals rood, blauw en geel. Papegaaien hebben ook vaak veel groen in hun verenpak.

Varken

Een mannetjesvarken wordt een beer genoemd.
Weet je de juiste naam voor een vrouwtjesvarken?
Dat is een zeug.

1

Begin met een platte neus met twee grote neusgaten. Teken twee stippen voor de ogen.

2

Open nu de mond, teken er een tong in en teken vanaf de neus een gebogen lijn naar boven toe voor de ronde kop van je varken.

3

Grote flaporen zijn erg grappig. Dat effect krijg je met driehoeken die niet volledig geslo-ten zijn. Teken daarna de onderkant van de kop en 'verbind' de oren met de kop zoals op de tekening.

4

Je kunt het lichaam van het varken op verschillende manieren tekenen. Hier zie je een simpele vorm: een grote ronde cirkel, of in de vorm van een ei.

5

Teken een krulstaart op het achtereind van het varken en teken er vier dunne pootjes onder. Kleur de neusgaten en de mond in.

Wat komt daar tevoorschijn? Een perfect getekend zwijn.

Schaap

Schapen zijn zachtaardige dieren die graag in een groep blijven. Mensen die voor schapen zorgen, worden herders genoemd. Het jong van een schaap is een lam. Dit kleine schaapje is van alle dieren misschien wel het gemakkelijkste te tekenen.

1

Begin met een U-vormige kop, een Y-vormige neus en twee stippen voor de ogen.

2

Teken op het voorhoofd wat wol, en geef je schaap twee oren.

3

Teken nu een grote, dikke wolk rond je schaap.

4

Teken twee voorpoten en kleur ze onderaan in. Teken nu de twee achterpoten, en maak ze een beetje korter dan de voorpoten.

5

Als je de achterkant van het schaap wilt tekenen, teken je alleen het wollige lichaam en de poten. In plaats van een kop teken je dan een dikke staart.
Zo ziet een cartoonschaap er aan de achterkant uit.

En nu kun je schaapjes tellen!

Tijger

Tijgers behoren tot de familie van de katachtigen. Het zijn ook carnivoren. Dat betekent dat ze alleen maar vlees eten. In feite is de tijger de grootste vleeseter die leeft op het land. Gelukkig voor ons is deze cartoontijger aardig en lief.

1

Begin met zijn kop. Teken een driehoekige neus, twee bolle wangen, een puntig 'baardje' en twee ogen.

2

Teken de puntige oren en gebruik zigzaglijnen om het stekelhaar op beide zijden van de tijgerkop te tekenen. Voeg er ook twee wenkbrauwen aan toe.

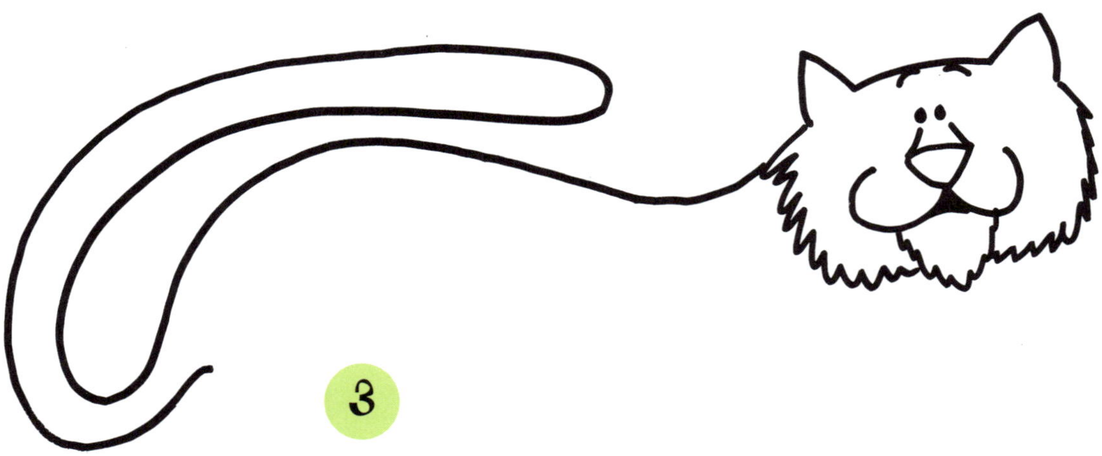

3

Teken nu een lange, erg lange gebogen lijn voor de rug en de lange staart.

4

De poten zijn dik en niet te lang. Vergeet ook de tenen niet.

5

Teken het lichaam en de kop vol strepen en je hebt een aardige, vrolijke jungletijger.

DEEL 2
MENSEN TEKENEN

Lachende vrouwengezichten

Bij een lachend gezicht kun je kiezen of je de ogen open of dicht tekent. Soms lachen mensen zo breed dat ze hun ogen helemaal dichtknijpen. Typisch voor een vrouwengezicht is dan weer dat de neus en kin smaller zijn dan die van een man.

1

Begin met deze vorm te tekenen. Zie je dat we niet beginnen met een perfecte ronde of ovale vorm? In plaats daarvan tekenen we eerst de onderkant van het gezicht en voegen dan bovenaan de haarlijn toe. De punt in het midden van de haarlijn is de plaats waar de scheiding van het haar begint.

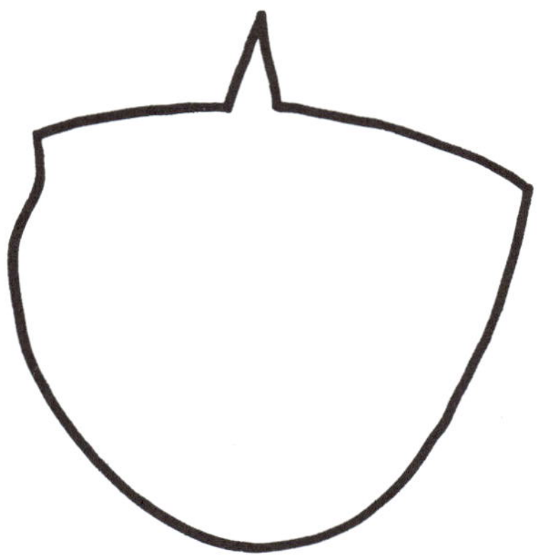

2

Nu we de basisvorm van het gezicht hebben, kun je er de ogen, mond en neus aan toevoegen. Op dit gezicht zijn de ogen dichtgeknepen. Dat komt omdat het meisje lacht, waardoor de spieren in haar gezicht omhoog worden geduwd en de ogen dichtgaan.

3

Het volgende dat je tekent is de hals. Onderaan is de hals een beetje naar buiten gebogen. Hij lijkt wel iets op de onderkant van een boomstam.

4

Haar schouders zijn gewoon twee gebogen lijnen. In dit voorbeeld is de kraag van het meisje gewoon een rechte lijn. Als je wilt, maak je de kraag gebogen of in welke vorm dan ook.

5

Nu tekenen we het haar boven op het hoofd en langs de zijkanten. Dit is een uitgelezen kans voor een experiment. Teken het haar langer of korter – het maakt niet uit welke stijl je kiest. Probeer het haar ook naar buiten toe te laten vallen.

Vergeet niet dat het JOUW tekening is ... jij kiest hoe ze er uitziet.

Het volgende vrouwelijke lachende gezicht is HEEL verschillend van het vorige.

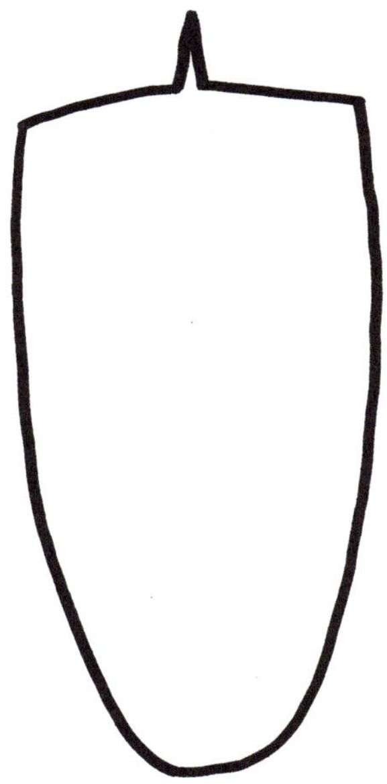

1

We gaan deze vrouw een heel lang, smal gezicht geven. Je kunt het haar tekenen zoals in het voorbeeld, of het voorhoofd stekelhaar geven. Aan jou de keuze.

2

Open nu de ogen en zet twee stippen in het midden. Voeg enkele korte wimpers toe, en twee korte wenkbrauwen, hoog boven de ogen.

3

Teken de mond zodat hij echt openstaat. Teken tot helemaal beneden het gezicht. Houd de neus klein.

4

Teken lijnen voor de boven- en ondertanden. Maak deze lijnen niet te groot en houd ze dicht tegen de boven- en onderkant van de mond. Waarom? Hoe kleiner de 'tanden' zijn, hoe meer we van de binnenkant van de mond zien. En dit gezicht moet juist een WIJD open mond krijgen.

5

Teken twee ovale oren met oorringen erin. Teken ze zoals in het voorbeeld, of maak je eigen ontwerp.

6

Teken een dunne hals en een kraag. Als je een heel kort kapsel tekent, kun je de vorm van dit gezicht wat overdrijven. Kleur het haar en de mond in, en geef ook de oorringen een kleurtje.

Door de ogen en de mond wijdopen te tekenen, maak je er een blij verrast gezicht van.

Hier volgen nog enkele voorbeelden van lachende vrouwengezichten. Zoals je ziet, kun je naar hartelust experimenteren met kapsels, ogen, monden...

Boze vrouwengezichten

De sleutel om een boos gezicht te tekenen, ligt bij de ogen en de mond. Bij iemand die lacht gaan de ogen, wenkbrauwen en mond naar OMHOOG. Bij boze gezichten gaan al deze elementen naar BENEDEN.

1

Het gezicht van dit boze meisje is bijna rechthoekig. Het is alleen wat gebogen aan de onderste hoeken.

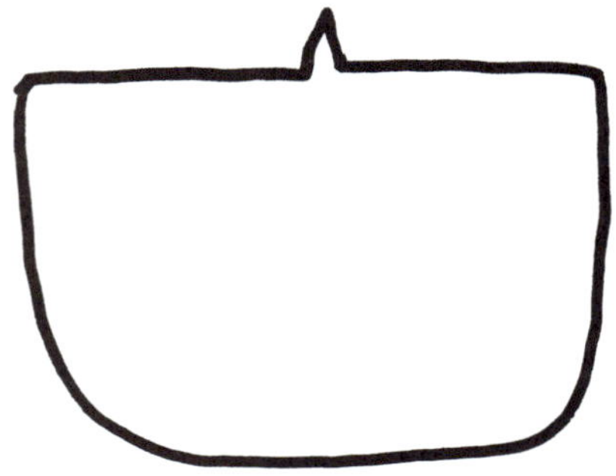

2

Nu gaan we er enkele boze ogen aan toevoegen. Zie je dat de wenkbrauwen bijna als een golf getekend zijn? De ogen zelf zijn ook geen complete cirkels. In feite zien de ogen en neus er hetzelfde uit, behalve dat de ogen stippen hebben. Zoals gewoonlijk is de neus klein.

3

De hals is dunner dan normaal. Dat is omdat we de nadruk willen leggen op de uitdrukking van het gezicht.
Door de hals dunner te maken, lijkt het hoofd opgezwollen en lijken de emoties sterker.

4

JAKKES! Kijk eens naar die mond! Om hem te maken, teken je een soort worstje met de uiteinden naar beneden. Teken dan een lijn door het midden en enkele verticale streepjes voor de tanden.

5

Kijk naar de hals en schouders en teken de kraag. Als je de schouders tekent, laat ze dan niet verder komen dan de breedte van het hoofd.

6

Geef je figuur een DIKKE bos donker haar. Het maakt de boze blik nog sterker. Het kapsel is net als de opening van een grot: rond bovenaan en recht naar beneden toe.

Het volgende boze gezicht gaan we puntige haarpieken geven.
We veranderen ook de vorm van het gezicht.

1

Zie je dat het gezicht geen perfecte U-vorm heeft? Op de plaats waar het gezicht het haar raakt, is het een beetje smaller. Het wordt breder bij de kaken en rond onderaan.

2

Hier zie je nog een andere manier om boze ogen te tekenen. Ze lijken een beetje op de letter 'D', schuin gezet, dus plat bovenaan en rond onderaan. Je kunt experimenteren met de grootte van de ogen om te zien wat het beste lijkt – grote boze ogen of kleine.

3

De neus op dit gezicht is dezelfde als op een vrolijk gezicht, alleen een beetje groter dan anders.

Experimenteer met de grootte van de neus om te kijken welke neus het beste effect heeft.

4

Nu kunnen we er wenkbrauwen en een mond aan toevoegen. De wenkbrauwen wijzen naar beneden, zonder de ogen te raken.

5

De mond heeft de vorm van een driehoek, breed aan de ene kant en smal aan de andere. Rond de hoeken van de driehoek een beetje af, zodat hij meer op een echte mond lijkt. Zoals vroeger teken je een horizontale lijn in het midden en verticale lijntjes voor de tanden. Nu heb je een mond van iemand die boos zijn tanden laat zien.

6

Het maakt niet uit hoe het haar eruitziet: kort, lang, donker of licht. Dit kapsel is wat ronder aan de onderkant dan bij het vorige voorbeeld. De hals is ook wat dikker.

Probeer verschillende kapsels, halzen en neuzen uit om te zien wat je het beste lijkt.

Op deze pagina staan enkele vrouwelijke gezichten
en de emoties die ze tonen.

BOOS

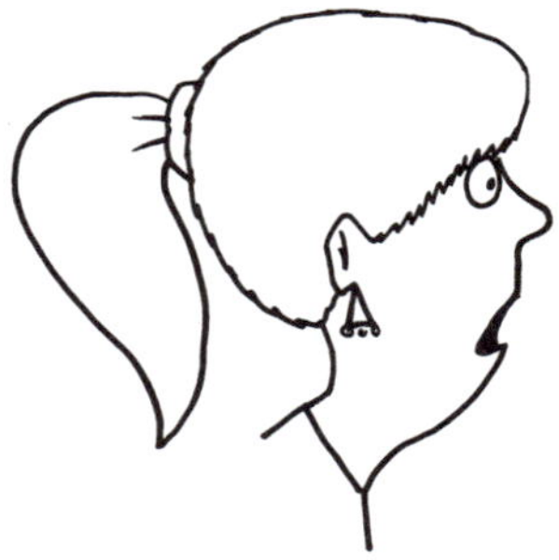

VERRAST

VERVEELD

OPGETOGEN

WANTROUWIG

VERLIEFD

GESCHOKT

Lachende mannengezichten

De emoties die je op de vrouwelijke gezichten hebt getekend, kun je natuurlijk ook op mannelijke gezichten tekenen. Het verschil is dat mannen meestal met kort haar getekend worden en vaak geen wimpers krijgen.

1

Het hoofd van dit ventje wordt HEEL breed en niet te hoog. We geven hem ook twee leuke grote oren.
Voor de grap teken je zijn hals dun en kort. Voeg er een kraagje en smalle schouders aan toe.

2

Geef hem twee grote ogen en twee wenkbrauwen. Teken een kleine neus.

3

Teken nu een mond die bovenaan bij zijn ogen begint en zijn hele gezicht rondgaat, tot aan de andere kant van zijn ogen.
Teken aan beide uiteinden van de mond twee kleine streepjes voor de wangen.

4

Teken nu de onderkant van de mond. Begin bij de wang en ga helemaal naar de andere kant.

5

Geef dit gezicht ook tanden.

6

We maken dit gezicht af door het een maf kapsel te geven. Begin net boven het oor en teken enkele 'stroken' haar van de ene kant naar de andere. Voeg haar toe tot het hoofd helemaal bedekt is.

7

Teken enkele haarpijlen die naar één kant naar omhoog buigen. Teken net boven het oor enkele haartjes die rechtop staan.

Is dit geen al te gek gezicht?

Het volgende mannengezicht krijgt een mond die heel wijd open staat, zodat het lijkt alsof hij heel hard lacht.

1

Dit hoofd is helemaal anders dan het vorige. Het gezicht moet een enorme mond krijgen, zodat je de kin heel groot en vierkant moet maken.

Hij lacht, dus knijpt hij zijn ogen toe. Voeg ook de neus en de oren toe.

2

Het gezicht heeft kort stekelhaar. Teken daarvoor enkele korte streepjes – zoals grassprietjes.

De mond is een grote rechthoek. Teken hem tot helemaal onder aan het gezicht.

3

Deze figuur geef je geen compleet gebit, alleen maar een paar tanden aan de linker bovenkant en de linker onderkant van de mond.

Nog een gek idee: teken de hals die uit de zijkant van het hoofd komt in plaats van onderaan. Zo lijkt het alsof hij heel hard lacht.

Voeg een ronde hals en een puntige kraag toe.

4

Kleur nu de mond in en teken er schouders bij en een deel van het lichaam.

HAHA! Alleen al het kijken naar deze kerel maakt je aan het lachen!

Geen twee gezichten zijn hetzelfde! Kijk naar de voorbeelden hieronder en probeer zelf ook gezichten te verzinnen.

Boze mannengezichten

In dit deel leer je ontevreden cartoongezichten tekenen.
Sommige gezichten fronsen, andere zijn echt boos.
Is iedereen boos? GOED! Laten we beginnen!

1

Dit cartoongezicht heeft bijna de vorm van een diamant – behalve dat het bovenaan open is. De neus van dit gezicht is heel groot en staat helemaal bovenaan.

Vergeet niet te experimenteren met allerlei soorten hoofden, neuzen, ogen, monden, enzovoort.

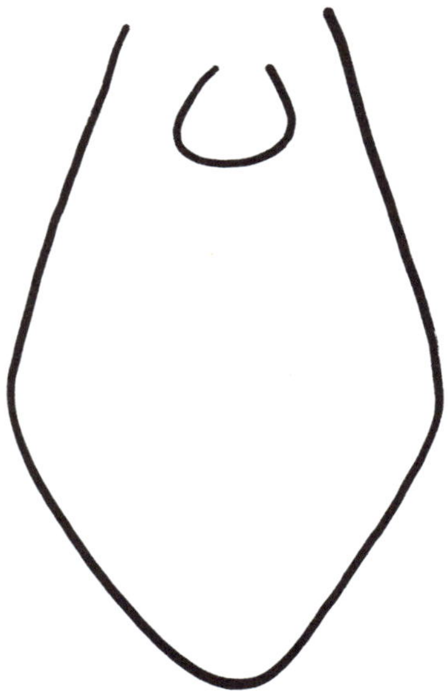

2

In de volgende stap teken je een paar boze ogen. De ogen zijn vrij klein, maar omdat ze bovenaan staan, waar het gezicht smaller is, lijken ze groter. Zorg ervoor dat je heel golvende wenkbrauwen tekent.

3

Voeg twee grote oren toe, bovenaan op dezelfde hoogte als de ogen.

4

Nu voegen we er wat slordig haar aan toe. Op deze figuur tekenen we slechts een beetje haar. Je kunt de man meer haar geven, of hem bijna kaal laten. Aan jou de keuze.

5

De mond is heel groot en staat in een grappige hoek. Hierdoor lijkt het alsof de mond van de man opgekrulde lippen heeft.

6

Teken de schouders. Wanneer iemand boos is, trekt hij vaak zijn schouders op tot bij zijn oren. Dan kun je zijn hals nauwelijks zien. Kijk naar deze figuur... zie je zijn hals? Helemaal niet.

7

Als je een lijn trekt over het midden van zijn mond en enkele grote tanden toevoegt, kijkt hij pas echt boos. Als je zijn tandvlees inkleurt, ziet hij er gewoon angstaanjagend uit.

De volgende boze man heeft een heel ander gezicht dan het vorige, maar allebei hebben ze hun schouders opgetrokken tot bij hun oren.

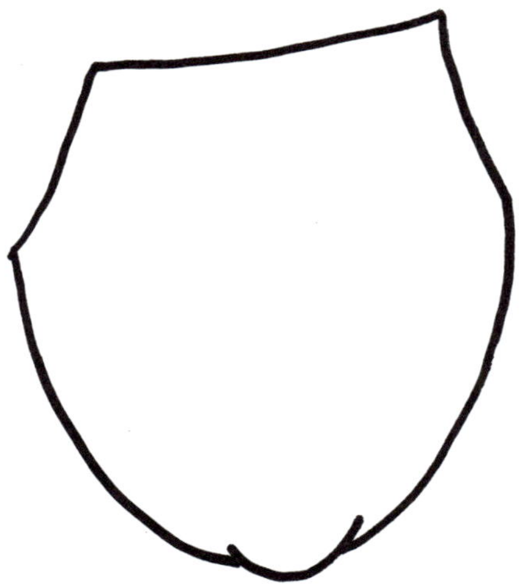

1

Teken eerst deze vorm. Het gezicht wordt wat smaller naar de haarlijn toe.

Let op de kleine bult onder aan zijn gezicht. Dat is de kin.

2

Het haar op zijn voorhoofd is een zacht glooiende lijn.

Nu kun je een dik pak golvend haar en de oren toevoegen. Teken een gebogen lijntje binnen in de oren.

3

Teken de wenkbrauwen op dit gezicht met één naar boven gebogen lijn – in plaats van een golvende lijn zoals in een van de vorige voorbeelden.

De ogen zijn groot en de stippen in de ogen staan dicht bij elkaar. Let erop dat je geen cirkels maakt van de ogen. Nu lijken ze meer op de letter 'D' op zijn kant.

De neus lijkt een beetje op een vishaak.

4

Dit is een heel andere boze mond dan in het vorige voorbeeld. De man laat zijn tanden niet zien, maar houdt zijn mond gesloten. Maar je kunt wel duidelijk zien dat de man boos is!

Voeg als onderlip een klein kronkel-lijntje toe onder zijn mond. Teken dan hoog opgetrokken schouders. Bij deze figuur staan de schouders zelfs iets HOGER dan de oren.

Hieronder staan nog enkele uitdrukkingen die je kunt tekenen.
Merk op dat sommige figuren hun hoofd iets opzij
hebben gedraaid.

WALGEND

IN DE WAR

VERDRIETIG

COMPLEET MAF

BOOSAARDIG

OPSCHEPPERIG

ONGEDULDIG

Mannen- en vrouwenkapsels

Experimenteer erop los met allerlei kapsels en haarstijlen:
kort, lang, met krullen, in de war... Er zijn mogelijkheden genoeg!
Hier staan er enkele om uit te proberen ...

Mannelijke lichaamsvormen

Hieronder zie je een manier om een eenvoudige mannelijke figuur te tekenen. Voeg er naar keuze een gezicht, haar, enzovoort aan toe.

1 2 3

Dit figuurtje zou wel enkele kilootjes mogen afvallen ...

1 2 3

Vrouwelijke lichaamsvormen

Hieronder zie je hoe je een eenvoudig vrouwenlichaam kunt tekenen.
Je kunt natuurlijk ook wat experimenteren met het gezicht,
het kapsel, de ogen ...

En zo teken je een vrouwenfiguur met een maatje meer ...

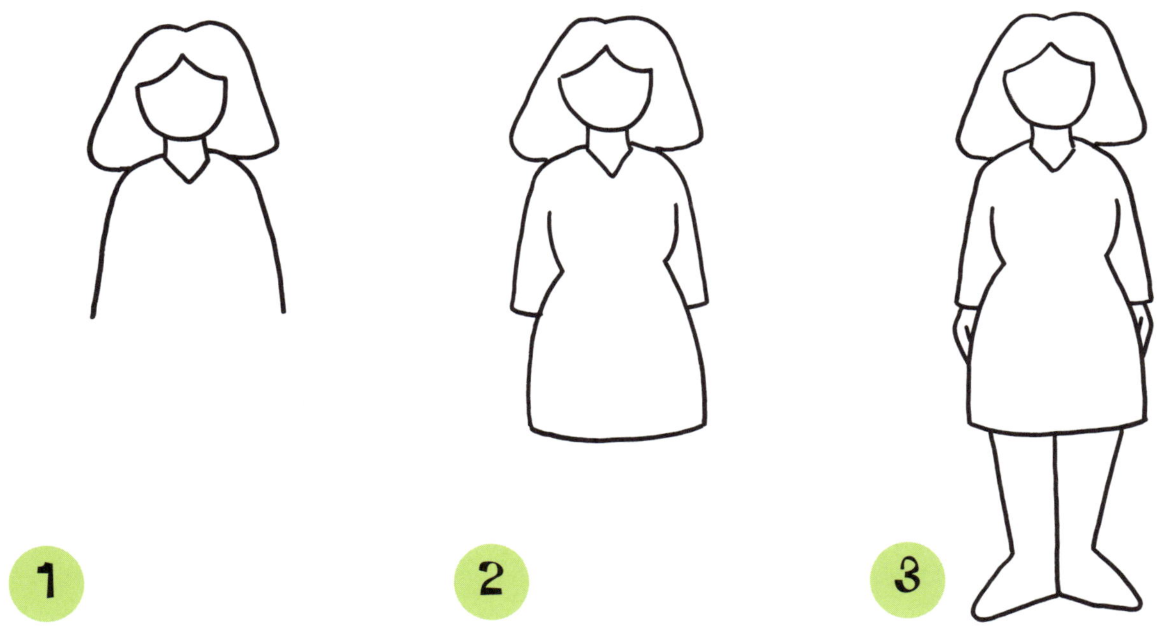

Handen

Beginnende cartoonisten hebben vaak problemen met de handen. In dit deeltje leer je hoe je allerlei soorten handen kunt tekenen. Sommige lijken echt, andere zien eruit als in een cartoon.

1

Teken met potlood een vierkant.

2

Voeg aan één kant een duim toe.

3

Teken nu vier 'frietachtige' vingers boven aan het vierkant (de handpalm).

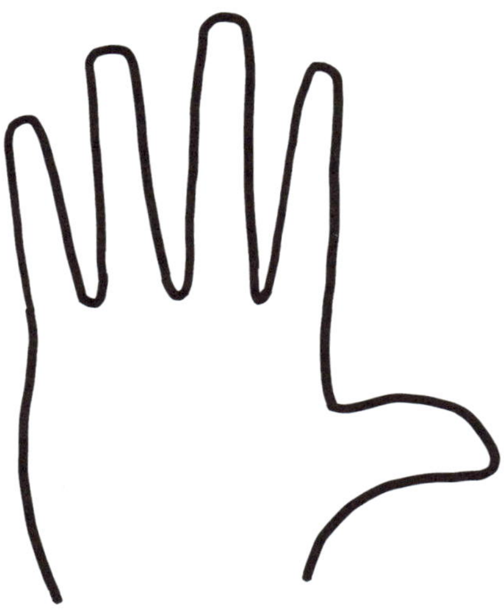

4

Gom het vierkant uit en rond de uiteinden van de vingers af.

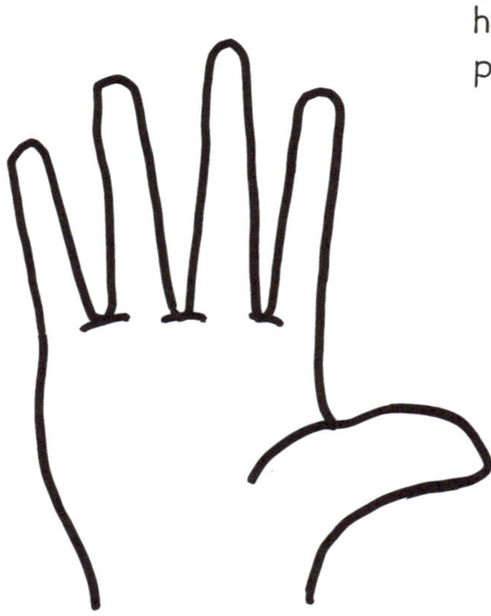

5

Teken enkele gebogen lijntjes aan de basis van de vingers. Het lijntje van de duim mag iets langer zijn. Voor de linkerhand teken je de duim gewoon aan de andere kant.

Deze cartoonfiguur houdt haar handen opzij van haar lichaam. Volg de eerste drie stappen en je hebt heel eenvoudige handen voor je cartoon.

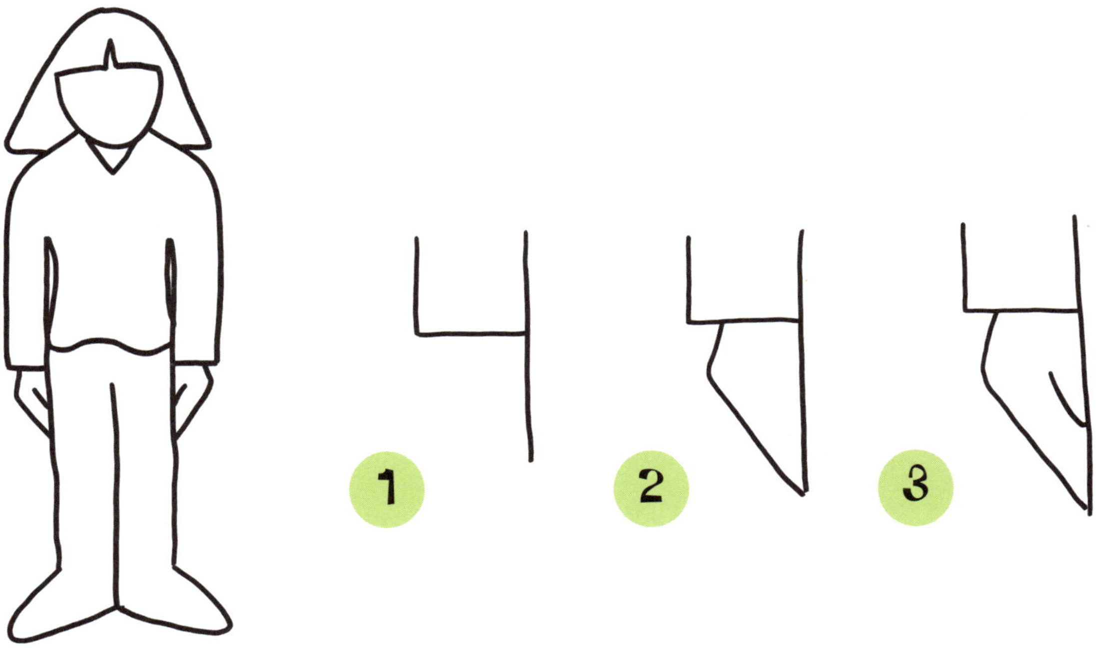

Dit cartoonfiguurtje houdt één hand in zijn zij en steekt de andere hand in de lucht. Hieronder zie je hoe je deze handen tekent ...

Beweging

Tot nu toe hebben we stilstaande figuurtjes getekend.
Nu tekenen we mensen in beweging. Omdat we slechts eenvoudige figuurtjes tekenen, hebben de verschillende stappen geen instructies meer nodig. Kijk gewoon en probeer het!

Bewegingslijnen

Hieronder staan enkele figuurtjes die een bepaalde sport beoefenen.
Let erop hoe de gebogen lijntjes dienen om beweging te tonen.
Kijk eens naar de sportieve figuren die hun tong uit hun mond steken.
Dat is een manier om 'inspanning' uit te drukken.

Mensen die zitten

Soms wil je misschien figuren tekenen die op een stoel, een bank of de vloer zitten. Hierna volgen enkele voorbeelden. Zoek een paar foto's van mensen die in een bepaalde positie zitten. Het zal je helpen om te zien wat er met ons lichaam gebeurt als we zitten.

Kleding en uniformen

Soms kun je uit de kleding die mensen dragen afleiden wat voor beroep ze uitoefenen of wat hun favoriete hobby is. Hieronder zie je enkele voorbeelden.

Tekstballonnen